AF248469

RÉFUTATION SUCCINCTE

DE LA

DÉNONCIATION AUX COURS ROYALES

DES CLUBS MENAÇANS

DE LA FRANC-MAÇONNERIE,

PAR

LE F∴ JULES R***.

DIGNITAIRE D'UN DES PLUS NOMBREUX ATTEL∴
DE L'OR∴ DE PARIS.

Laissez parler les so's, le *mérite* a son prix.
LA FONTAINE.

Prix · 75 c. franc de port 1 fr.

PARIS,

CHEZ SILVESTRE, LIBRAIRE, RUE THIROUX, N° 8,

ET CHEZ LES MARCHANDS DE NOUVEAUTÉS.

1827.

RÉFUTATION SUCCINCTE

DE LA

DÉNONCIATION AUX COURS ROYALES

DES CLUBS MENAÇANS

DE LA FRANC-MAÇONNERIE.

***

Après avoir lu attentivement la prétendue dénonciation de la franc-maçonnerie, je suis resté dans la conviction entière, que l'auteur de cette brochure si ridicule n'est autre chose que l'agent d'une autre congrégation bien plus à craindre que celle des francs-maçons. Cette congrégation, autrement illicite que celle incriminée; cette association, opposée à la liberté des peuples et à la vie des souverains; cette célèbre compagnie, invisible et connue, qui n'est nulle part, et dont on rencontre des germes partout; doit sans doute chercher les moyens d'écraser sa rivale, qui l'a dévoilée en mainte circonstance, et qui prouve, par la nombreuse quantité de ses affiliés, combien son utilité est reconnue supérieure à celle des Jésuites, si indignement et si justement chassés par arrêt des Cours et Parlemens de divers royaumes, où la monarchie constitutionnelle a toujours été préférée au gouvernement absolu.

Avant de réfuter les divers argumens qui forment cette brochure, n'aurais-je pas le droit d'y préparer mes lecteurs, en demandant à son auteur où se sont commis les attentats à la vie des hommes par le fait de la franc-ma-

1 *

çonnerie? dans quel pays les francs-maçons ont-ils insulté à la morale? en quels lieux ont vécu ces maçons dénaturés qu'ils dénoncent sans les nommer? Ils cherchent sans doute à faire tomber sur des hommes véritablement vertueux, et sincèrement généreux, la colère du parti jésuitique et la malédiction des gens faibles, qu'ils ont gagnés par leurs doctrines indéfinies; doctrines qui sont assez connues pour démasquer le but perfide auquel aspirent ces *faux dévots, qui font de la religion métier et marchandise.* N'aurais-je pas plutôt le droit de demander à ces fanatiques, qui voient le mal chez les autres et le bien chez eux, tandis qu'un siècle entier a prouvé le contraire, s'ils se sont purifiés et justifiés aux yeux de l'univers des crimes que ce même univers leur attribue: ont-ils expié, par des aumônes et des pénitences, l'assassinat de Henri III et celui de Henri IV? Sont-ils parvenus à effacer par des vertus récentes les sentimens d'horreur qu'excita à cette époque, et qu'excitera toujours avec justice, la sanglante catastrophe de Saint-Barthélémy? Ont-ils enfin, ces ennemis jurés de la royauté, reparu dans le monde avec l'autorisation qu'ils reprochent aux francs-maçons de ne pas avoir?

Quel peuple ne s'est pas ressenti de leur influence inquisitoriale? quel pays n'a pas eu à déplorer les funestes effets de leur hypocrite et scandaleuse conduite? Ah! fuyez loin de nous, hommes terribles, qui, plus que les francs-maçons, vous cachez dans l'obscurité! vous qui retirez au fils les sentimens qu'il doit avoir pour son père; vous qui brisez le lien social, en brisant par vos sermons les nœuds les plus saintement jurés; vous qui prescrivez l'abstinence quand vous faites bonne chère; vous qui

prêchez la pauvreté à votre profit ; vous , enfin , qui faites
d'un Dieu de paix et de miséricorde un instrument de
haine et de corruption ! Fuyez, fuyez de ma patrie, car
vous me faites horreur, comme vous inspirez du mépris
à tous ceux qui connaissent vos œuvres.

Remettons un peu nos esprits, et voyons, selon le si-
nistre auteur de la brochure, par quels délits les francs-
maçons ont encouru la dénonciation dont ils sont main-
tenant les objets.

§ Ier.

La congrégation des francs-maçons est un ordre mili-
taire, composé à peu près d'un million d'hommes, qui
au besoin peuvent s'adjoindre deux millions de nouveaux
frères et amis ; ces trois millions d'hommes sont répan-
dus dans presque toutes les contrées de l'Europe, et four-
millent en France. Tous les membres de cette congréga-
tion sont armés de glaives.

La congrégation maçonnique est un ordre militaire
comme la *congrégation jésuitique* est un ordre vertueux !
Cette congrégation qui se compose, dites-vous, de trois
millions d'hommes, *est répandue partout ?* Preuve qu'elle
ne peut produire aucun mal, car si trois millions d'hommes professent les mêmes doctrines, doit-on en conclure
qu'il existe sur terre ou trois millions d'hommes vénérables, ou trois millions d'hommes scélérats ! Dans l'intérêt
de la nature humaine, et par respect pour le Créateur,
doit-on penser qu'il existe sur terre, indépendamment
des fanatiques, trois millions de scélérats ? *Tous les francs-*
maçons portent des glaives. Faut-il donc penser que

parce qu'on est armé, on ait le dessein d'en frapper même ceux qui le mériteraient ? Ennemis du sang, les francs-maçons portent des glaives qui ne redressent que les vertus ; et ils préfèrent cette arme à celles que portent ceux qui conservent et cachent pour toujours dans leurs cœurs une haine à la liberté des peuples. Les mots de *docilité entière et constance à toute épreuve,* ne sont que des vociférations pour compliquer la brochure à défaut de raisonnemens, lesquelles doivent rester au-dessous de toute réfutation.

Quant à ceux de *serviles congréganistes,* n'appartiennent-ils pas plutôt à ces déclamateurs forcenés, qui emploient la colère quand il le faut, et le ton mielleux où il en est besoin ? Tartufe et ses imitateurs ne doivent-ils pas avec raison mériter ce titre si pompeux et si nécessaire à leur manière de parvenir ?....

Pour répondre au paragraphe qui parle des *loges, chambres, souterrains,* etc., je dirai que si tous les pantins déclamateurs possédaient ainsi que les francs-maçons la pudeur et la sincérité, loin de s'afficher par leur conduite insensée, ils iraient dans l'obscurité cacher leur vanité comme ils y cachent leur malignité. Mais la lumière éclaire aujourd'hui l'univers, et tout homme sensé ne peut être dupe de la sottise de ceux qui pensent nous éblouir par de criminels dehors !

Pour répondre aux abus que l'on prétend trouver dans les cérémonies des francs-maçons, et sur les objets qui servent dans ces cérémonies, nous dirons, avec la conviction intime, qu'il est plus honorable de se rappeler souvent à la mémoire la mort de ses semblables lorsqu'ils ont su mériter nos regrets, que de désirer celle des êtres qui seront toujours nos ennemis ; *d'employer au cérémo-nial les épées, les rubans ornés de larmes d'or*, que d'insulter à la majesté de Dieu en trafiquant avec ses images, en profanant son saint nom, en s'arrogeant le droit d'effacer, pour un vil métal, les défauts d'autrui, lorsqu'on ne peut effacer les siens.

Oui, nous dirons avec les censeurs cachés de l'institut maçonnique : *On ne fait dans les loges que bâtir des temples à la vertu en cherchant à anéantir le vice.* Quant à la phrase soulignée : *philosophique sans doute,* elle nous montre que la philosophie chagrine beaucoup nos jésuites, qui voudraient voir la science des ignorantins à l'ordre du jour, pour tirer plus de parti de leur influence secrète.

Oui, dans nos temples on y prêche la vertu, et mieux on la met en pratique ; oui, chez les maçons on est sincèrement généreux, et si l'on quête pour les malheureux, ils sont certains d'avance de recevoir toujours intact le don que leur offre une main bienfaisante. Oui, dans les loges on rend à Dieu les hommages qui lui sont dus! on est sincèrement Français! l'amour de la patrie est dans le cœur de chaque frère, le respect pour le souverain est observé religieusement ; la soumission aux lois de l'état fait la base de l'institution ; la morale en est le précieux guide, et la philantropie la plus pure est le seul but où les maçons aspirent. Plût au ciel qu'il en fût ainsi au sein de chaque congrégation! Mais pourquoi faut-il être persuadé du contraire, et enfin pourquoi faut-il voir ceux-là même qui sont en défaut sur ces règles austères, entrer en lice avec l'impudence qui caractérise cette compagnie effrontée.

Pour répondre au style infâme dont on a coloré le serment, en évitant de le reproduire ici , je demanderai à cet accusateur indigne quel effet peut produire sur un esprit fort de logique et de conception, sur un esprit sage et infaillible , un serment, pire encore que celui dont il parle avec tant d'horreur? Pense-t-il qu'un homme sensé soit engagé par cela même qu'il aurait prêté serment entre les mains des hommes , si, l'œuvre consommé, il avait, par ce même serment, insulté à la Divinité, forfait à son honneur et compromis la société? En faut il davantage pour prouver à notre accusateur que ses craintes sont éphémères, illusoires; pour le convaincre, dis-je, que toute la connaissance qu'il peut avoir de la maçonnerie, il l'a puisée dans ces livres que l'imprudence ou la cupidité peut-être ont enfantés. Ce prétendu vengeur de la société ne ressemble-t-il pas à cet avocat, qui, dans un procès de fort peu d'importance , voulut, pour acquérir de la célébrité, rendre aux yeux des juges l'accusé qu'il défendait plus coupable qu'il n'était réellement? Ainsi que ce pauvre génie, il sera dupe lui-même de sa coupable supercherie; je dis coupable, car de nos jours, où la sûreté de l'état est compromise par des conspirateurs d'un autre genre que celui des francs-maçons, n'est-ce pas insulter au pouvoir, qui protége la franc-maçonnerie, que de soulever une question qui intéresse à la fois et la liberté et l'humanité, ce que nous prouverons dans le paragraphe suivant ?

Quant aux monstrueuses déclamations qui terminent ce paragraphe, la raison seule peut en faire justice; que l'on se figure des mots sonores , assemblés pour produire de l'effet, aux oreilles d'une secte ignorante, et l'on reconnaîtra, comme au commencement de la brochure, le jésuitisme le plus pur, l'ignorantisme le plus évident, et enfin le langage commun à tous les descendans d'Ignace.

Il parle ensuite de *révélations,* de *précautions,* de *restrictions mises à propos,* et enfin des *secrets de la congrégation.* Le vœu que forment tous les gens de bien est de voir d'autres enfans de la compagnie célèbre imiter le noble exemple donné récemment par un adepte sorti de leurs rangs (1) pour les faire connaître à la société; mais en poussant plus loin la sincérité, en dévoilant au monde entier leurs doctrines et leurs œuvres, en mettant enfin la justice sur leurs traces et à même de les éloigner du théâtre où à l'envi l'un de l'autre ils se disputent les rôles en se désignant les acteurs.

§ II.

En opposant à la légalité de l'existence de la franc-maçonnerie l'article 291 du Code pénal, l'auteur de la brochure a, sans s'en douter, parlé en faveur des francs-maçons, et s'est mis par conséquent en contradiction avec lui-même. Cet article porte :

« Nulle association de plus de vingt personnes, dont le
» but sera de se réunir tous les jours ou à certains jours
» marqués pour s'occuper d'objets religieux, politiques,
» littéraires ou autres, ne pourra se former qu'*avec l'a-*
» *grément du gouvernement et sous les conditions qu'il*
» *plaira à l'autorité publique d'imposer à la société.* »

Eh quoi ! l'institut maçonnique n'a-t-il pas l'agrément

---

(1) M. Marcet de la Roche-Arnaud.

du gouvernement ? Quand l'élite des armées s'enorgueillit de lui appartenir authentiquement ; quand de hauts personnages, revêtus de fonctions honorables par l'état, professent journellement les doctrines maçonniques, viendrat-on insulter à la fois à leurs titres civils ou militaires par des déclamations aussi basses que celles renfermées dans la brochure ? La maçonnerie n'existe pas légalement ; la maçonnerie n'offre aucune garantie à l'état. Mais qu'est-ce donc que ce Grand-Orient de France ? Qu'est-ce donc que ce sénat maçonnique composé à la fois d'hommes vénérables par l'âge et l'érudition qui les distinguent dans cette capitale des sciences et des lettres ? J'avais cru jusqu'alors que la perfidie, que la calomnie, par une feinte politique, garderaient le silence sur des hommes dont les noms seuls commandent le respect ; mais que ne doit-on pas craindre en voyant avec quelle coupable franchise on voue à l'indignation l'honneur des Français, en insultant avec impudence au gouvernement qui protége le noble institut maçonnique ?

Les maçons n'existent pas légalement, dites-vous ; Jésuites, qui causâtes toujours en France la discorde, après avoir été la cause de plus grands malheurs, en convenant que la police permet les assemblées des francs-maçons, vous faites éclater votre colère au refus qui vous est fait de paraître dans le royaume avec la même liberté ; on permet les assemblées des francs-maçons pour les mettre à même de secourir les malheureux que vous faites destituer, pour redresser vos erreurs, pour soulager les pauvres que vous avez faits, pour ramener à l'amour du prince et de la patrie ceux que vous en avez éloignés, pour reporter vers Dieu les âmes purifiées de ceux que vous avez égarés en leur enseignant de fausses doctrines religieuses.

§ III.

Nous voici arrivé au paragraphe intitulé : *But de la franc-maçonnerie*. J'avoue qu'avant d'avoir lu cet article, je m'attendais à voir notre auteur traiter véritablement du but de la franc-maçonnerie, mais je fus trompé dans mon attente; j'y vis la répétition des précédens paragraphes; j'y vis de nouveau les différentes vociférations qui pullulent dans toute la brochure. Cependant pour paraître ne pas toujours tomber dans le même langage, qu'a-t-il fait cet écrivain pitoyable? il cite effrontément comme des révolutionnaires des auteurs dont la France honore la mémoire, des auteurs qui font le charme de la scène française, des auteurs que les législateurs de nos jours ne dédaignent pas de prendre pour modèles dans nos discussions politiques, d'hommes, enfin, dont le mérite est au-dessus de toute attaque; et pourquoi ces auteurs révérés ont-ils encouru la gourmande jésuitique? ils étaient francs-maçons. Plût au ciel qu'au jugement de Dieu nul n'eût d'autres fautes à expier !

Quant au fait, soi-disant *très-connu et rapporté d'après un écrivain soi-disant célèbre*, il est inutile de le réfuter, puisqu'il n'est pas prouvé; et quand il le serait, serait-ce une raison pour en accuser complices tous les francs-maçons? Un corps d'armée sera-t-il déshonoré parce que quelques soldats qui lui appartenaient seront passés à l'ennemi? Le vénérable corps ecclésiastique, sincèrement chrétien, doit-il être confondu avec les jésuites qui parcourent actuellement la France plutôt dans l'intention de se faire des adeptes que d'y prêcher la parole de Dieu ?

L'art. 4 du même paragraphe se trouve, je crois, suffisamment réfuté par la phrase précédente.

Mais je ne terminerai pas sur ce sujet, sans instruire nos adversaires du véritable but de la franc-maçonnerie.

Le but de la franc-maçonnerie est la bienfaisance ; secourir son semblable est la loi imposée à tous ceux qui se font recevoir ; former de bons citoyens à l'état, protéger les arts, les sciences et les lettres, sont aussi des buts où tend la franc-maçonnerie. La maçonnerie est nécessaire à la civilisation des peuples ; partout on la révère, partout elle porte des fruits de sa noble institution : et qu'ici l'on ne la confonde pas avec ces associations politiques qui ont usurpé le titre de maçons pour se liguer contre les états dont ils ont été proscrits : la maçonnerie est toute philantropique et non politique. Il est diverses contrées sur la terre où le titre de maçon est plus considéré que d'autres plus affermis par la fortune, mais qui ne pourraient se passer du premier.

Sous quelle monarchie constitutionnelle un Jésuite se nommera-t-il avec autant de franchise que pourra le faire un maçon ? Il n'en est pas dans l'univers ! ! !

§ IV.

Ce paragraphe, intitulé : *Nécessité de proscrire sans délai la franc-maçonnerie,* est dénué de tout raisonnement qui puisse encourir la réfutation ; cependant je crois y voir avec justice un nouvel attentat au respect dû au gouvernement et aux Chambres. L'auteur de cette brochure est sans doute le même qui adressa récemment à la Chambre élective une pétition tendante au même but. Avec quel déplaisir il a dû voir dans les journaux le rejet ironique de sa pétition! Sans doute aucun de nous n'a oublié les craintes que nous fit éprouver le parti jésuitique en France, qui voulait marquer sa réapparition récente par l'anéantissement de l'ordre maçonnique ; mais aussi avec quelle joie avons-nous vu nos craintes dissipées, même par les organes du pouvoir! Ah! que ne puis-je à mon tour élever la voix *sur la nécessité de proscrire sans délai la congrégation jésuitique!* Voilà la véritable nécessité qui convient à la France. Quels nombreux concerts de bravos retentiraient dans notre pays, lors du départ de cette congrégation! le repos de la France en serait la suite inévitable... Puissent mes vœux être bientôt exaucés! Puisse l'unité la plus pure animer tous les Français! Puisse aussi la France, par un siècle de bonheur, éloigner de sanglans souvenirs, et ce bonheur n'avoir jamais de fin !

§ V.

Arrivé au dernier paragraphe, dont le titre est : *Défense des congrégations de prières,* je croyais n'avoir rien à répondre; car, je l'ai dit plus haut, la franc-maçonnerie est ennemie de la politique ; mais en lisant que cette *perfide maçonnerie* a été jusqu'à *demander à dénoncer, comme un attentat digne d'un prompt châtiment, la prière, l'aumône et la vertu ;* j'ai dû démontrer que la maçonnerie pour notre auteur n'était autre chose qu'un motif pour soutenir ses doctrines, les francs-maçons selon lui banniraient la prière, et la plus petite de leur action est faite à la gloire de Dieu! Ils s'opposeraient à l'aumône, et la bienfaisance est le but de leur réunion! Ils proscriraient la vertu, et la morale est le sujet de leurs entretiens familiers! Ah! s'il est ici quelqu'un qui doive encourir le blâme, n'est-ce pas vous, auteur effréné, qui sous le masque de l'hypocrisie venez prêcher la parole de Dieu par le mensonge. Vous insultez la maçonnerie, et vous allez plus loin, vous blâmez la conduite de la chambre des pairs qui renvoya au ministère la dénonciation faite contre vous par l'honorable comte de Montlosier. Quel bonheur nous ressentons aujourd'hui, lorsqu'unis des mêmes sentimens à votre égard que l'auteur de cette bonne et utile dénonciation, vous nous faites partager avec lui l'honneur qu'il a reçu.

Vous parlez de religion, tous jésuites que vous êtes, et personne n'en eut moins que vous. Vous voulez à l'aide de la dévotion arriver aux grandeurs! Oui, la vraie religion veut de l'humilité, et la vanité domine sur toutes vos actions. La vraie religion veut de la tolérance, la vengeance et la proscription percent dans vos discours. Oui, la vraie religion veut des âmes pures, et les vôtres ont été souillées par les plus noirs attentats, par les actions les plus indignes, par les crimes les plus affreux.

Vous avez, dites-vous, l'intention d'en appeler à cette même chambre qui vous a proscrits naguères pour obtenir ce que vous n'espérez pas des cours royales, qui vous ont dénoncés comme à redouter pour la patrie. Nous attendons avec tranquillité l'arrêt de l'une ou l'autre cour; votre existence est-elle aussi bien assurée?....

Je ne finirai pas cette réfutation sans demander à l'anonyme auteur de la dénonciation, ce que signifient ces initiales qu'il a mises en tête de sa brochure. Singe dans toutes ses actions, il a pensé sans doute se donner pour maçon ; mais hélas ! sa sottise est connue, et chacun est tenté de lui demander qu'il se déclare, qu'il se nomme, ce jouet d'une faction dont les chefs sont aussi méprisables que les agens.

Pour moi, j'ai cru voir dans le fait de la dénonciation une œuvre tout au plus digne du mépris des gens de bien, et si j'ai entrepris de la réfuter, ce n'est que pour la justifier aux yeux des hommes qui, ne connaissant pas la maçonnerie, seraient sans doute disposés à ajouter foi à la plus basse, à la plus coupable et à la plus indigne des calomnies.

Il semble que le venin de la corruption, qui dirige toutes les pensées des Jésuites, se soit glissé jusque dans la main qui se trouve sur la première feuille de la brochure. De-là, on doit conclure que tout est corrompu chez eux, et qu'il ne faut, pour s'en convaincre, que lire la dénonciation de T.·. C.·. du D,·. de P.·. qui ne connaît pas même le titre de la société qu'il attaque, pas plus qu'il n'agit avec bonne foi en cherchant à tromper par les phrases dégoûtantes dont son triste pamphlet est rempli.

FIN.

IMPRIMERIE DE H. BALZAC, RUE DES MARAIS S.-G., N. 17.